Gedichte und Gedanken

Anna-Katharina Hüging

Gedichte und Gedanken

Bibliografische Information der Deutschen Nationalbibliothek
Die Deutsche Nationalbibliothek verzeichnet diese Publikation
in der Deutschen Nationalbibliografie; detaillierte bibliografische
Daten sind im Internet über http://dnb.dnb.de abrufbar.

© 2015 Anna-Katharina Hüging
Satz, Umschlaggestaltung, Herstellung und Verlag:
BoD – Books on Demand
ISBN: 978-3-7386-9555-7

Wiesenmeer
Ich öffne die Augen
die Sonne scheint
vor mir eine riesige Wiese – ein Wiesenmeer
Blumen – ein Blumenmeer
rote, gelbe, blaue Blumen – ein Farbenmeer

Es ist Sommer
spüre die Sonnenstrahlen auf meiner Haut
es kitzelt
lege mich hin – mitten auf die Wiese,
neben Blumen,
inmitten roter, gelber, blauer Blumen
doch obwohl ich liege, schwimme ich …
In einem Wiesenmeer, einem Blumenmeer, einem Farbenmeer.

Draußen war es bereits kalt,
eisig klirrender Wind im Wald,
schnellen Schrittes schritt ich voran,
ging am plätschernden Bach entlang.
Hörte keinen einzigen Vogel singen,
nur die Erde unter meinen Füßen klingen.
Ging schneller, war so sehr am Frieren,
wollte meine Lust am Spazieren nicht verlieren.
Die Sonne lugte aus der Wolkenschicht hervor,
zeigte ihr Gesicht, wie bereits zuvor.
Hörte in der Ferne Hunde bellen,
gleichmäßiges Geräusch wie tösende Wellen.
Die Äste der Bäume waren bereits kahl,
hatte die Natur im Winter doch keine Wahl.
Still war es, ruhig und friedlich.
Wirkte der Wald auf mich fast niedlich.
Spazierte am See entlang,
schaute hinüber zum kahlen Hang,
ist der Winter nicht schön und verschlafen?
Wirkt er nicht auf uns wie ein sicherer Hafen?
Spürte Sonnenstrahlen auf meinen Wangen,
fühlte mich wohl, war so unbefangen.
Heiter und fröhlich, nachdenklich und bedacht zugleich,
wandelte ich durch den Wald, durch mein kleines Reich.
Fast war mein Spaziergang beendet,
ward ich abermals von der Sonne geblendet.
Hach, wie schön war es auf dieser Welt
Unter dem bald dämmernden Himmelszelt!

Der Baum vor meinem Fenster

Die Wurzel in der Erde wie sieben Achtel eines Eisbergs,
nährend, Halt gebend, Verantwortung tragend …
ohne sie kein Leben

Der Stamm zu seiner Krone,
stabil, dunkelbraun, gemasert …
Was ist die Krone? Der Stamm oder die Blätter?

Die Blätter am Geäst gen Himmel,
satt grün, im Wind wehend, klein und fein …
Blätter und Himmel – türkis?

Der Baum auf der Wiese,
in der Krone ein Nest, am Stamm ein Specht, auf den Ästen
    ein Eichhörnchen …
der Baum integriert in die Natur, Teil des Lebens, zwischen
    Himmel und Erde

Das Antlitz des vollen Mondes spiegelte sich auf dem dunklen Wasser des Sees, auf dem Enten so friedvoll schwammen. Der Wind spielte mit den Blättern der Bäume, die sich so seicht bewegten, und die über einem schwebende Nacht wirkte wie ein schützendes Dach. Eine Stimmung, die mich fesselte, ja geradezu in ihren Bann zog, und mich nicht mehr loszulassen schien – die in diesem Augenblick verspürte Leichtigkeit des Seins, seiner eigenen Existenz …

Der Baum, die Äste, die Blätter –
Zeichen der Natur vor meiner Tür …
Die Natur durch meine Tür zu mir

Ein Vogel, eine Maus, eine Spinne –
Auf meiner Terrasse neben der Tür leben …
Das Leben über die Terrasse durch meine Tür zu mir …

Welkende Blätter … Kannst du sie nicht sehen? Sehe nur ich sie? Und sehe ich sie wirklich? Was ist es, was ich sehe? Sehe ich durch meine Augen oder durch meine Vorstellung? Ich starre auf die Blätter … Durch den starken Wind bewegen sie sich mit ihm … Eins nach dem anderen fallen sie zu Boden. Nein, sie fallen nicht. Sie schweben, wie kleine Fallschirme, die noch nicht wissen, wo sie landen. Sind es tatsächlich Blätter? Oder ist es meine Vorstellung der fallenden Blätter? Was ist es, was ich sehe? Die Blätter oder die Blätter durch meine Vorstellung?

Unter dem Baum, von dem die Blätter schweben, steht ein Junge … Er schaut gen Himmel, oder gen Baum? Ich sehe es nicht genau. Denn was ist es, das ich sehe? Sehe ich durch meine Augen oder meine Vorstellung? Ist der Junge der Junge, der dort steht oder ist es der Junge, der dort nicht steht, sondern nur in meiner Vorstellung dort steht!?

Ich wende meinen Blick ab. Einige Minuten vergehen … Ich schaue erneut hin. Ich strenge mich an. Zwei oder drei Mal schließe ich kurz die Augen. Die Blätter sind verschwunden, Windstille, auch der Junge ist nicht mehr zu sehen. Was ist es, was ich sehe?! Ich sehe eine Wand. Grau, unschön, lieblos, kalt und kahl. War es meine Vorstellung oder ist es meine Vorstellung? Und was sah ich und was sehe ich? Oder sind sie eins: Vorstellung und Augen?

Ich wär so gern ein Hund
verfressen, kugelrund
immerzu am Schlafen
in einem sich'ren Hafen
genannt das „Bett"
das ist ganz nett.
Essen fressen, schmatzen –
fast am Platzen.
Vom Futternapf sich lösen,
und dann wieder dösen.

Grau ist mein Fell,
braun meine Augen,
mein Schwanz kupiert,
meine Ohren hängend,
gedrungen mein Körper,
muskulös, zäh und agil,
mein Verstand ist helle,
der Beschützer in mir,
dir ein treuer Freund will ich sein

Schwarz mein Körper,
weiß meine Seele,
schau mir in meine Seele, nicht auf meinen Körper,
dunkel meine Augen,
hell mein Herz,
schau mir nicht in die Augen, schau in mein Herz,
an meinem Zwinger läufst du vorbei und siehst mich einfach nicht,
ich belle, das schreckt dich umso mehr ab, und weiter läufst du,
ohne je meine Seele, mein Herz kennengelernt zu haben

Ich bin Dizzy,
immer busy,

morgens wach ich munter auf,
dann geht's zu 'nem langen Lauf,

draußen toben viele Hunde,
die auch laufen ihre Runde,

spiele ganz vergnügt mit allen,
vor der Rückkehr in die Hallen,

schnüffel hier und schnüffel dort,
ist so spannend dieser Ort,

vergesse meine Umwelt schnell,
und lass ertönen einen Bell,

Hunger hab ich jederzeit,
und zum Fressen schon bereit,

auf will ich ganz schnell nach Hause,
brauche eine Schlecker-Pause,

und im Hause angekommen,
seh ich alles ganz verschwommen,

auf der Suche nach dem Futter,
hör nicht mehr auf meine Mutter.

Schnell geht's um die Ecke rum,
war doch noch nie wirklich dumm.

Doch der Irrtum aller Irrtümer –
find im Napf nicht einmal Würmer.

Der Napf ist leer, leer und noch mal leer,
plötzlich hängt mein Kopf ganz schwer,

bell ganz laut,
bis man mich haut.

Will doch nur mein Fressen,
auch ihr seid doch am Essen.
Habt ihr mich vergessen?

Renn zum Napf und Herrchen hinterher,
da sieht er: Der Napf ist leer.

Schnell geht hinter mir die Schranktür auf,
bis alles geht seinen gewohnten Lauf.

Nun ist der Napf gefüllt,
hab auch lang danach gebrüllt.

Fresse und genieße,
wenn man mich nur ließe.

Ständig will man mich beklauen,
muss ich denn gleich um mich hauen.

Bin ganz laut am Knurren schon,
das ist doch alles blanker Hohn.

Wütend bin ich, will gleich beißen,
muss mich wohl zusammenreißen,

schling mein Essen schnell herunter,
bin auch wieder putzemunter.

Müdigkeit befällt mich schnell,
ist der Tag doch noch so hell,

leg mich nun ins Bettchen oben,
und lass mich von Mami loben.

Versprühe meine Heiterkeit,
ist für mich 'ne Kleinigkeit.

Werd gekrault an Ohr und Nase,
wie ein kleiner Osterhase.

Gefall mir sehr in meiner Rolle,
fühl mich wie gebettet in Wolle.

Mache meine Augen zu,
und mein Körper kommt zur Ruh.

Wache auf aus meinem Schlaf,
fühl mich wie ein junges Schaf,

geh hinunter in den Garten,
auf alle muss man wieder warten.

will nun hin, ab auf den Rasen,
würd am liebsten jagen Hasen.

Darf ich nicht, das wär ganz böse,
entscheid mich um und döse.

Werd geweckt vom Bell der Hunde,
will nun wieder meine Runde.

Keiner kommt, ich langweil mich,
trifft mich wie der letzte Stich.

Bin doch nur ein kleiner Racker,
der sich schlägt ganz wacker.

Öffnet sich die Tür ganz schnell,
nicht mehr nötig dieser Bell.

Auf geht's in den Walde,
spiele mit den anderen schon ganz balde.

Vor und zurück, vor und zurück, wippte die Kleine auf ihrem
 Schaukelpferd.
Jauchzend, kreischend, vor Freude quiekend, heiter und so
 unbefangen.

Hätte das Schaukelpferd wiehern können, wäre der Spaß noch
 größer gewesen,
konnte es doch noch nicht, wie der große Bruder, nette Bücher
 lesen.

Plötzlich wurde dem Mädchen diese Ungerechtigkeit bewusst,
stieg von seinem Schaukelpferd und störte den Bruder bei
 seiner Leselust.

Wutentbrannt stand Brüderchen auf, nahm sein Buch und
 bestieg den Holzgaul.
Klein Schwesterchen zerrte und zerrte an Bruder Paul.

Nun aber wurde der Kleinen die Ungerechtigkeit erst recht vor
 Augen geführt,
Brüderchen Paul hatte plötzlich Mitleid und war ganz gerührt.

Nahm sein Schwesterchen auf den Schoß,
wirklich alles andere als bös und lieblos .

und begann, der Kleinen vorzulesen und Bilder zu zeigen,
diese konnte nicht anders als gespannt zu schweigen.

Hörte sie ihn nicht Lesen von Reitern auf Pferden?
Wie interessant die Zusammenhänge dieser Erden.

weit weg, nah sein,
nichts hören, den Lärm ertragen,
durch die Nacht wandeln, die Sonne sehen,
Liebe geben, Hass ernten,
fallen, um gehalten zu werden,
selbst halten, die, die fallen,
innehalten, eifrig in die Welt stürmen.
Das Leben …

Temporär kontextlosgelöst, aber niemals kontextbefreit und immer kontextkompatibel

Zauber des Moments

Intensität des Zaubers hat nichts mit der Dauer des Empfindens dieses Zaubers zu tun – oder doch?

Gibt es nicht magische Momente, voller Zauber, die nur wenige Sekunden andauern? Und wir spüren ihre Intensität dennoch so sehr, dass wir noch Jahre später daran zurückdenken? Gibt es nicht diese Momente, die unser Leben nachhaltig verändern, weil wir etwas derart Zauberhaftes erlebt haben, dass es Wirkung auf unser Handeln hat?!

Manchmal müssen wir vielleicht einfach akzeptieren, dass der Zauber uns nur einen kurzen Besuch abstattet, um dann rasch wieder von uns zu gehen ... Auch wenn wir dieses Gefühl gerne halten wollen – es klappt nicht ... Plötzlich ist jeglicher Zauber verflogen.

Es gibt nur wenige Momente, in denen ein Gefühl so stark ist wie während des Erlebens eines Zaubers. Alles scheint sich zu verändern, die Zeit scheint geradezu stehen zu bleiben, alles zieht uns in seinen Bann. Wie ein kleines Kind stehen wir gespannt mit offenem Mund und bewundern diese Magie, die uns einhüllt und uns für Momente nicht mehr loslässt ...

Wir schwingen mit dieser Magie, mit diesem Zauber, fühlen uns wohl. So als sei der Zauber unser schützender Engel, dem wir voll und ganz vertrauen ... Und so schnell wie er sich an uns geschmiegt hat, lässt er uns los und uns mit einem Gefühl des Staunens zurück ...

Ein um den anderen Tag der gleiche Gedanke.
Die Erde dreht sich, Stillstand im Wandel.

Gedanken, Herz und Verstand liefern sich einen unerbittlichen Kampf, bis einer der Antagonisten das Feld räumt oder das Gefecht das Opfer, nämlich den Menschen, tötet.

Du hast dazu beigetragen, mir die Weihnachtstage zu versüßen, zurück bleibt ein bitterer Nachgeschmack.

Was ein merkwürdiger Mensch, der da nachts um zwei Uhr auf die Idee kommt, halb unbekannten Bekannten nach zweimaliger Begegnung einen Monolog niederzuschreiben, sich auf dem fiktiven Papier mit einem fiktiven Stift zu ergießen. Aufkommende Gedanken, die entweder in einer Geschwindigkeit wieder weichen, dass sie kaum als solche wahrgenommen werden oder vor dem inneren Auge einen ihrer schillerndsten Tänze aufführen und als glorreiche Sieger die real nicht-existente Bühne verlassen und den Zuschauer bzw. den Wahrnehmenden als wehrlosen Teilhabenden zurücklassen.

Merkwürdig, was Dinge, Impressionen, die sich in ihrer unvollkommenen Präsenz darboten, alles vermögen auszulösen – insbesondere Gedanken und Erinnerungen. Merkwürdig, dass sich ein erwachsender Mensch im Nu in ein unvollkommenes Häufchen verwandelt, ja sich zu diesem die negativen Eigenschaften annehmend degradiert. Erschreckend die Gedanken bzw. Zweifel, die aufkeimen bei einseitig veranlasster Kommunikation – sowohl in die eine als auch die andere Richtung.

Ergründen zu wollen, was im Kern nicht ergründbar ist, Mysterien zu entmystifizieren, die bei genauer Betrachtung ihre Irrelevanz offenlegen: Dies löst bei einem klar denkenden Wesen wohl erneut Zweifel aus. Zweifel, Gift für jeden Menschen. Zweifel, hungrige Bestien, die sich erst zur Ruhe legen, wenn sie ihr wehrloses Opfer zerfleischt haben und dieses wehrlos am Boden liegend bis in den Keim zerstören. Wo ist die Waffe, die siegessicher auf den Antagonisten zu richten wäre? Aber nein, das Opfer muss feststellen, keine auf dem Schlachtfeld. Nur von Zweifeln zerfressene Existenzen.

Caféimpressionen

Viele Menschen an runden und eckigen Tischen
junge sowie ältere, kleine und große, dicke und dünne
auf jedem tisch eine Kerze
gedämmtes Licht, angenehme Atmosphäre
Stimmengewirr …
Erinnerung an die babylonische Verwirrung
Wörter sind keine zu erkennen …
Plötzlich wird es allgemein stiller …
Warum nur?
Liegt es an der Uhrzeit oder ist der Gesprächsstoff
ausgegangen?
Plötzlich klingelt ein Handy – Lärm!!
Das Handy scheint Auslöser dafür zu sein, dass die Gespräche
– lauter als zuvor – wieder aufgenommen werden …
Die Dame am Nebentisch kommentiert ihr soeben
hergebrachtes Gericht:
„Das sieht aber gut aus."
Ihr Gegenüber nippt an seinem Milchkaffee.
Die Atmosphäre in Cafés ist oft so sonderbar
interessant zu sehen, wie viele verschiedene Menschen hier
aufeinandertreffen
interessant sich zu überlegen, was den einzelnen Personen
wohl Gesprächsstoff liefert.
interessant auch die Überlegung, warum sie sich gerade
dieses Café ausgesucht haben …
Ist es die Gemütlichkeit, das Licht, das Essen – oder purer
Zufall?
Eine Antwort auf diese Fragen werden wir nicht bekommen --
Impressionen eben.

„Ich muss mich an dich gewöhnen …"
„Ja, bin ich denn so gewöhnungsbedürftig?"

Das Herz versteht, was sich der Verstand nicht zu Herzen nehmen kann.

Aus der Ferne
sende ich dir gerne
zu deinem Geburtstag
das ist keine Frag'
eine Karte mit Schweinchen
und ihren dicken Beinchen
mit ihren Stöpselnasen
anders als bei Hasen
leider keine echten Lebewesen
dafür aber ein Buch zum Lesen
ich und die Schweinchen mit ihren lust'gen Schnuten
wünschen dir zum Geburtstag alles Gute
feiere schön, genieße den Tag und gehe raus
vielleicht kommt ja später noch jemand zu dir nach Haus

Mut

Nicht immer der leichteste Weg,
sondern auch ein schwieriger Steg,

führt einen ans Ziel,
wenn auch mit Mühe viel,

und nicht nur die Vernunft
einen bringt in die Zukunft

sondern auch Mut
wenn auch ab und zu mit viel Wut,

wichtig ist auch Gluck
was einen weiterbringt ein Stück

daher: Treffe eine Wahl.
Lass es nicht werden zu deiner Qual

denn nur du allein weißt
was es heißt

zu treffen die richtige Entscheidung
ohne anderer Leuts Meinung

so sage ja, so sage nein,
und sage es nicht nur zum Schein
denn du willst glücklich sein

Tue es nicht für andere Leute,
du es zwar nicht bereust heute.

Doch morgen ist ein anderer Tag
lass ihn nicht werden zu deiner Plag.

So sag, was du denkst,
du dir damit schenkst

eine Menge Selbstvertrauen
was dir andere Leute woll'n versauen.

Doch steh zu deinem Handeln
ist es stets Teil von deinem Wandeln.

So gehe durch den Tag, die Nacht,
dein Selbstvertrauen wacht,

es dir zeigt Weg und Ziel
wie ein ganz leichtes Spiel

bleibe nicht stehen, sondern bewege dich fort.
Nur du findest Ruhe dort,

denn Stillstand ist nicht gut
ich sage dir: nur Mut

gehe, wohin du willst
so du deinen Willen stillst.

Willst du heute nicht gehen,
so sage ich dir, bleib morgen nicht stehen.

Mach dir selbst Mut
Lass ihn in dir aufsteigen wie eine Glut.

Diese Glut dich treibt
Dir etwas ganz wichtiges einverleibt

Stillstand heißt: etwas ruht!
So etwas ist nicht gut,

bewege dich fort,
du dein Glück findest dort!

Machtlos

Mein ich …
Kenn ich …
Trage ich jeden Tag mit mir …
Jeden Tag, jede Stunde, jede Minute …
Machtlos …

Ein langer Spaziergang,
es ist Sommer,
am Meer,
die Sonne geht unter,
die Wellen betören meine Ohren,
ich fange an zu rennen,
renne immer schneller,
renne weg,
renne noch schneller,
fange an zu keuchen,
schwindelig wird mir,
dennoch renne ich, renne und renne,
ich komme ins Taumeln – lasse es nicht zu,
renne weiter,
fühle mich gejagt,
taumele wieder und falle.
Liege im Sand,
schaue mich um – doch mit mir ist niemand vor Ort.
Der Strand ist leer. Ich bin mit mir alleine – und muss entsetzt feststellen, dass ich vor niemand anders als mir selbst weggerannt bin … Und muss einsehen, dass ich meiner Hülle nicht entkommen kann …

Ein Traum?
Nein, die Wahrheit.
Kein anderer Mensch ließ mich mehr spüren, dass alles vergänglich ist.
Warum das so war vom ersten Tag an, wusste ich nicht …
Dieses Gefühl hatte ich von der ersten Minute an.
Als alles vor mir zusammenbrach, wusste ich warum …

Schnell ging er die Straße hinunter,
schaute in eisige Gesichter,
und fragte sich, warum die Zweifel an ihm fraßen wie ausgehungerte Bestien,
warum sie da waren, in ihrer totalen Vollkommenheit und dennoch unsichtbar
ihr Unwesen trieben
sogar ab und an Ruhe gaben, genug gefressen hatten, bis der Hunger wiederkehrte …
und das Spiel von vorn begann.
Gerade, als man sie vergessen hatte, weil sie sich müde, mit vollgefressenen Leibern, zur Ruh gelegt hatten, traten sie, so schnell sie vergessen waren, auch wieder auf und zerfleischten ihr wehrloses Opfer weiter,
solange bis die Zweifel ihr Opfer komplett zerfressen hatten.

„Wenn du deine Seele verkaufst, lass es sein … es führt zu nichts …"
Doch ich verkaufe meine Seele erneut …
Ziehe mich komplett aus, bis ich nackt bin, völlig angreifbar.
Was macht mein Gegenüber?
Zeigt mir seinen Rücken und läuft davon …

Langsam öffnete sich eine Tür …
Ich blickte durch den Spalt …
Leer war es. So schien es mir jedenfalls …
Mit dem Fuß trat ich die Tür sanft weiter auf …
Was ich sah machte mich sprachlos …
Ich schloss die Tür langsam …
Und zog sie feste zu …
Schloss meine Augen …
Doch schon war das Bild vor meinem inneren Auge gespeichert …

Kampf der Erinnerung

Erinnerung, Gedanken an früher, besiedeln mein Gehirn.
Sie ziehen vorüber vor meinem inneren Auge – gute sowie böse …
Versuche, die guten zu meinem Weggefährten zu machen.
Doch die guten ziehen vorüber wie vom Wind getriebene Wolken.
Die bösen bleiben stehen wie ein Jäger, der still und voller Geduld versucht, sein Opfer zu erschießen.

Seit Tagen hält mich beschäftigt, was ich nie vermochte einzuschätzen. Nämlich das Gefühl, etwas nie wirklich vergessen zu können. Die Gedanken ziehen in den Kampf, um alles Gegenwärtige mit Erfolg zu zerschlagen, bis das Opfer wehr- und regungslos zu Boden sinkt und sich eine Spur der Verwüstung breitmacht.

Oft ist es einfach, das Falsche zu tun.
Schwer ist es dann, das Falsche getan zu haben, das
Falsche zu akzeptieren, nach vorne zu blicken und unbeirrt
weiterzumachen.
Akzeptanz des Nicht-Akzeptablen, Hinnahme des
Nicht-Hinnehmbaren …
die Gelassenheit fehlt …
eine Spirale, ein Kreislauf, eine Qual.
Unterbrechung der Spirale, des Kreislaufs, der Qual – Cut!!
Weitermachen, bevor das Schöne dem Unschönen die Hand
gibt. Dem Unschönen nicht mehr die Hand geben.
Dem Schönen zulächeln, es leben, aus ihm Kraft und Stärke
schöpfen …
Diese Kraft und Stärke weiterreichen, weiterreichen, an die,
die deine Schwäche spürten und denen nun ein Ausgleich
zusteht …

Ein Kind, oder zwei?!
Oder keins?
Einerlei …
Eins hieß Heinz
Das andere – ein Mädchen – namenlos
Vernachlässigt, gelitten, jetzt tot
Auf den Gräbern eine Ros'
Nein, nichts war im Lot …
Verschwunden, Gedanken ausgeloschen?
War es eins, oder zwei, oder niemand?
Erinnerungen – verloschen …
Nicht mal Spuren im Sand …

Ich bin nicht der, zu dem Du sprichst
auch das Gesicht und die Hände, das bin ich nicht …
Meine Stimme, die Du hörst, das bin ich einfach nicht …
Meine im Wind wehenden Haarsträhnen siehst Du nicht –
denn sie wehen nicht
Du siehst in mir, was nicht ist, was nicht sein kann, was mal war, aber nicht mehr ist.
Du kannst mich nicht sehen, an meinem Grab kannst du meinen Namen lesen
denn ich existiere nur noch in deiner Erinnerung

Ohne Form
Formlos, heißt ohne Form
Farblos, heißt ohne Farbe
Wortlos, heißt ohne Worte
Machtlos, heißt ohne Macht
Willenlos, heißt ohne Willen
Lieblos, heißt ohne Liebe
Leblos, heißt ohne Leben

Tod

Auf der Suche nach Dir erfuhr ich,
dass Du den Tod gefunden hattest.
Mir wurde klar, dass ich etwas suchte, was nicht mehr
zu finden war –
und Du gefunden hattest, was Du nie gesucht hattest …

Irgendwie war es kalt, eisig, ungemütlich, und in einer gewissen Weise fühlte es sich brutal an …

Ich suchte nach Etwas, doch in der Leere war nichts zu finden.

Das erste Zimmer war komplett leer. Kein Bett, kein Stuhl, kein Schrank … Graue Gardinen flatterten durch den Wind, der durch das gekippte Fenster seinen Weg in den Raum fand … Der Boden war fleckig …

Ein beklemmendes Gefühl stieg in mir auf.

Sollte die Suche doch weitergehen …

Das zweite Zimmer strahlte eine Morbidität aus, als befände ich mich auf einem Friedhof … Ebenfalls war dieses Zimmer leer wie das erste, es gab weder Gardinen noch einen Teppich noch sonst irgendetwas. Ich roch sterilen Krankenhausgeruch …

Das beklemmende Gefühl schnürte mir fast die Luft ab – doch wusste ich: Die Suche ging weiter … und die Hoffnung war stets mein treuer Begleiter …

Meine Schritte wurden schneller …. Ich erreichte einen Gang. Breit, kahl …

Fühlte mich verloren in diesem Gebilde – entschied mich zu rennen …. Der Gang war lang und schien kein Ende zu nehmen … Hoffte ich doch nur, das lang Ersehnte am Ende zu finden …

Statt des Lichtes, das ich am Ende erhoffte, kam mir eine Stimme entgegen, die mir sagte: Es ist zu spät …

Versuche

Versuche verzweifelt, den Weg durchs Labyrinth zu finden,
– will doch nur zurück –
versuche verzweifelt, mich zu erinnern,
– will doch nur zurück –
versuche verzweifelt, mich zu orientieren,
– will doch nur zurück –
versuche verzweifelt, nachzudenken,
– will doch nur zurück –
versuche verzweifelt, einen klaren Kopf zu bekommen
– unmöglich –
– denn ich will zurück, zurück zu dir!

Ich flehe,
lass mich zu Dir
quäl mich nicht weiter
erhöre mich endlich
gib mir eine Chance
öffne deine Arme für mich
lieb mich!

Doch ich sehe,
Du lässt mich nicht zu Dir
Du quälst mich weiter
Du erhörst mich nicht
Du gibst mir keine Chance
Du offnest deine Arme nicht für mich
Du liebst mich nicht!

Lass aus deinem Schweigen Worte werden, aus deinen Zweifeln Gewissheit und aus deiner Zurückhaltung Zuneigung …. Wenn Träume wahr würden ….

Wortfetzen, sind zerfetze Worte
Wortspiele, sind verspielte Worte
Sonnenschein, ist scheinende Sonne
Regenguss, ist gießender Regen
Heißhunger ist keine hungrige Hitze
Leuchtturm ist kein türmendes Licht
Augenschein sind keine scheinenden Augen
Affendurst sind keine durstigen Affen
doch Liebeskummer ist verkümmerte Liebe

Heimlich denke ich an Dich …
Verstohlen blicke ich zu Dir rüber,
schaust du zurück, senke ich den Blick.
Du schwebst über all meinen Gedanken …
Verzerrst sie … Machst kein klares Denken mehr möglich …
Treibst meinen Herzschlag in die Höhe …
Niemand weiß davon, nicht mal mehr Du.
Ich lüge dich pausenlos an, in der Hoffnung, Du verstehst nicht, was los ist …
Lüge dir knallhart ins Gesicht …
Was soll ich tun??? Du lässt mir keine andere Wahl mehr.
Lügen über Lügen … Ich lüge schneller als ich denke …
Bei jeder Lüge scheine ich Gewinnerin und gleichzeitig Verliererin zu sein.
Gewinnerin dir gegenüber, weil ich dich an der Nase herumführe. Weil ich am „längeren Hebel" sitze …
Verliererin mir gegenüber, weil ich nicht nur meine Prinzipien verloren habe – sondern auch dich …

Lernte Dich kennen,
fand Dich interessant …
Verlor dich aus den Augen,
zu der Zeit kein Problem …
Kam zurück, entdeckte Dich aufs Neue,
Du wurdest interessanter.
Lernte Deine Nähe zu schätzen,
Deine Worte zu hören,
Dein Lachen zu erwidern.
Fand Dich spannend wie nie.
Wollte mehr. Du machtest mich durstig.
Ich begann zu trinken –
doch mein Durst ist nicht zu stillen.

Ich erkläre, doch du scheinst nicht zu verstehen,
ich weine, doch du scheinst es nicht zu sehen,
ich flehe, doch du drehst dich schnell um,
ich rede, und du fragst dich wohl nach dem Warum,
ich warte, doch du bleibst stumm,
ich schwitze, und du denkst: was ist das dumm,
ich versuche, mit dir zu kommunizieren, aber du reagierst nicht
ich versuche, dich wieder für mich zu gewinnen, doch du machst dicht,
ich stell dir unendlich viele Fragen,
deine Reaktion: wie kannst du's nur wagen?
schaue ich dich an, schaust du fort,
geh ich dir hinterher, wechselst du den Ort,
rufe ich dich an, legst du einfach auf,
sagst mir: wie bist du denn drauf?!
Klopfe ich bei dir an deiner Tür,
öffnest du nur einen Spalt und fragst, wofür.
Begegne ich deiner Freundin und dir,
wendest du dich ab und redest nicht mit mir,
wo ist die Zeit nur hin?
Ich war doch schon immer die, die ich nun bin.
Du liebst mich nicht mehr,
und ich fühl mich so leer.
Wo bist du?
Entschwunden im Nu …
Ich nehme das Album mit den Fotos,
schaue es an – wortlos.
Reiße jede Seite raus,
denn es ist nun aus.

Worte

Worte, gut gemeinte Worte …
Prallen an mir ab wie Regen an Fensterscheiben.
Worte, schöne Worte …
Finden nicht den Weg in mein Herz.
Worte, nett gesprochene Worte …
Finden keinen Eingang in mein Gehör.
Worte, du sprachst sie zu mir wie jemand anders auch.
Mit einem Unterschied: Worte, gut gemeinte Worte, Worte, schöne Worte, Worte, nett gesprochene Worte – aus dem falschen Mund.

Wieder einmal hielt ich die Liebe in der Hand
und erneut entglitt sie mir wie Flüssigseife.
Ich versuchte, nach ihr zu greifen, wie schon so oft, und
obwohl ich bereits mehrmals geübt hatte, misslang mir
jeglicher Versuch, nach dem zu greifen, was plötzlich,
aus heiterem Himmel, gekommen war und sich blitzschnell,
als wäre es nie dagewesen, im Nichts auflöste und damit für
immer verschwand.

Durch dich
Über dir
Neben dir
Unter dich
Für dich –
Dank!
Von mir
Es ertragen mit dir
Getragen von dir
Halt –
Mich fest
Mich lose, um loszulassen,
Freiheit durch dich, mit dir,
in Liebe durch dich über mich
zu dir

Dein Duft umhüllt mich, deine Stimme erklingt in meinem Ohr, deine Zunge berührt die meinige und deine Augen treffen meine. Ein Traum in der rauen Wirklichkeit ….

Will nicht schlafen, nein, denn im Schlaf bekomme ich Besuch – Besuch von Dir.

Ich kann es nicht ertragen, Dich neben mir liegen zu haben, Deine Stimme zu hören, Deine Hände zu spüren – und wenn ich dann aufwache – festzustellen, dass Du ja doch nicht mehr da bist.

Habe Angst vorm Schlafen – kann nicht vermeiden, dass Du plötzlich tust, was du immer tatest. Und wenn ich gerade genieße, wache ich auf – und stelle fest, das war wieder nur ein Traum.

Nein, ich will nicht mehr schlafen – jedes Mal stehst du von Neuem da. Wie bei unserem ersten Date. Einfach wunderbar … So zauberhaft … Bis ich nach Dir greifen will und merke, Du bist gar nicht da …

Was kann ich tun? Muss doch schlafen. Wie lebt man ohne Schlaf? Doch Du verfolgst mich.

Sagst mir, Du liebst mich. Ich lächele – nur kurz – denn wieder stelle ich fest – nur ein Traum.

Wie lang soll das noch gehen? Jede Nacht von Neuem. Denke an Deine dunklen Seiten vorm Einschlafen: Nachts erscheinst Du wieder und hast Deine dunkle Seite abgelegt. Zeigst Dich schöner denn je … Schweißgebadet wache ich auf – doch der Platz neben mir ist leer. Auf dem Kopfkissen, auf dem Dein Kopf eben noch lag, ist Leere. Die Decke liegt dort so wie immer. Niemand hat darunter gelegen.

Ich hasse dieses Bett. Tagsüber schaue ich mit Abscheu auf dieses Ding, in dem ich nachts diese seltsamen Besuche von Dir empfange – die doch in Wirklichkeit keine sind.

Kriege Herzrasen bei dem Gedanken, Du kommst mich die folgende Nacht wieder besuchen. Ich ertrage Deine Nähe, die keine ist, Deine Zärtlichkeiten, die nicht mehr sein sollen, Deine Stimme, die nicht mehr für mich spricht, Deine Blicke, die mich nicht mehr anschauen, nicht mehr. Ich will das nicht mehr. Jeder Abend wird quälender, die Träume im Schlaf immer intensiver, das Aufwachen immer grausamer.

Halt mich fest, wenn du kannst,
lass mich fallen, wenn du musst,
aber denke darüber nach, was du tust.

War es nicht so wie immer? – Nein, irgendein Gefühl sagte mir, dass es anders war …

Du holtest mich ab, die Strecke war die gleiche – doch wieder spürte ich, dass etwas so grundlegend anders war …

Der Ort, an den wir fuhren, war der gleiche, an den wir Monate zuvor tagtäglich pilgerten … Heute allerdings war es viel kälter, eisiger, grauer …

Schuld daran war nicht wirklich die Jahreszeit, denn es war Winter …

Nein, irgendetwas zwischen uns war plötzlich so anders. Viel kälter, eisiger, grauer …

Ich griff nach deiner Hand, doch ich berührte nicht deine Haut, nur deinen Handschuh. Auch das war anders: War ich es doch gewohnt, deine warme Hand in meiner zu halten, deine Wärme zu spüren und eben nicht deinen Handschuh … Der Sommer war vergangen …

Plötzlich fühlte ich mich so schrecklich leer … Es war so grau und es dämmerte bereits. In der Ferne konnte man Enten auf dem Wasser sehen – so still und friedlich … Wie immer drehten wir eine Runde um den See, an dem du mir zum ersten Mal sagtest, du liebst mich und mich ganz fest an dich drücktest.

Reden taten wir kaum. Kein schallendes Gelächter, in das wir so oft ausbrachen, keine verliebten Blicke mehr, weil es eben anders war, kein Wettrennen mehr, weil uns dazu die Kraft fehlte … Die Stimmung war so seltsam, so anders.

Ich meinte plötzlich, uns Lachen zu hören – eine Illusion, die Erinnerung an den Sommer mit dir … An den Sommer, in dem wir so glücklich waren, in dem wir Pläne schmiedeten, in dem wir uns tagtäglich sahen … Ich war nie glücklicher … Und plötzlich war ich nie trauriger …

Wie nah die beiden Extreme doch beieinander lagen …

Heute war eben alles anders, uns war nicht nach Lachen zumute.

Ein eisiger Wind wehte und ich hatte einen Kloß im Hals – weil ich wusste, dass es anders war …

Als wir unsere Runde beendet hatten, waren die Enten nicht mehr auf dem See, und die Dunkelheit schwebte über uns … Das Wasser glitzerte, der Mond zeigte sein zweites Gesicht. Stumm standen wir am Wasser, plötzlich berührtest du meinen Arm … Doch diese Berührung war anders als sonst … In dieser Dunkelheit …. Wir wussten doch beide, was geschehen sollte … Uns wurde langsam klar, dass der Kampf verloren war, in den wir so eifrig gezogen waren …

Wir senkten unsere Blicke und verließen den Weg – der Kreis hatte sich geschlossen. Unsere Begegnung sollte vorerst die letzte sein … Tod eines Lebensabschnittes …

Brief an einen Geliebten,

ich weiß, lange ist es her, dass wir miteinander sprachen, dass wir uns kannten, dass wir einander nah waren.

Verwunderlich also, dass ich mich nach so langer Zeit zurückmelde. Du hast recht: nicht grundlos. Liegt der Grund allerdings ferner von dem, was du vielleicht annimmst, so gibt es doch einen tieferen Grund als das Bedürfnis, Dir einfach zu erzählen, was ich so mache, was mich umgibt, wo ich stehe beziehungsweise wer ich in der Zwischenzeit war oder wer ich geworden bin.

Anscheinend gibt es Dinge im Leben, die plötzlich verschwinden, um zu einem Zeitpunkt wieder präsenter zu sein als je zuvor. Nahezu so existent, wie man es sich nie hätte träumen lassen. Einfach gegenwärtig, wie ein einzigartiges Spiegelbild der vergangenen Realität. Der Schein trügt? Nein, ich glaube nicht. die Erinnerung meldet sich in ihrer makellosen Vollkommenheit zurück wie es selten der Fall ist. Warum? Weil die Zeit ein wunderbarer Heiler ist und mich Dinge vergessen ließ, die substanzieller waren, einfach in allem prägender, schmerzhafter, emotionaler und tiefsinniger als alles andere Erlebte. Und plötzlich wird einem der Spiegel vorgehalten, in dem man nicht nur sich selbst sieht, sondern als seinen eigenen Schatten die eigene Vergangenheit. Instinktiv versuchst Du, Dich vom Schmerzhaften und Emotionalen abzuwenden, Traurigkeit zu unterdrücken, aber es will nicht gelingen. Der Schmerz, die Emotionen öffnen dir die Augen als hätten sie eine Macht, die stärker ist als jene eines Herrschers ... Schmerz und Traurigkeit sind Dein ständiger Begleiter ...

Nun stehe ich genau an diesem Punkt. Pausenlos versuche ich, gegen die eigene Gedächtniskraft in den Kampf zu ziehen – und scheitere bei jedem neuen Versuch, die „Waffe" auf den Antagonisten zu richten. Wache ich morgens mit den Gedanken auf, Ungeklärtes als Last schultern zu müssen, so schlafe ich abends mit dem Gefühl einer Sehnsucht ein, Unausgesprochenes in aussprechbare Worte zu fassen und sie zu kommunizieren – so wie ich es gegenwärtig versuche.

Vieles mag in den Ohren eines Menschen, der mich nun an die 7 Jahre nicht mehr gesehen hat, unglaubwürdig, nahezu heuchlerisch klingen. Rückblickend auf einige Eskapaden, die sich derweil zugetragen hatten, mag dieser Brief wie eine Farce erscheinen ... In der Zwischenzeit bin jedoch auch ich älter geworden – und nachdenklicher. Eskapaden, die beizeiten einen gewissen Reiz ausstrahlten, sind nun unbedeutender denn je ...

Fragte ich mich oft, warum meine letzten Kontaktversuche harsch zurückgewiesen wurden, ist diese Frage gegenwärtig von minderem Interesse. Bin ich ja doch im Stande, auf diese Frage eigenständig eine Antwort zu finden, wenn auch mit zahlreichen Vermutungen gefüllt. Diese Antwort beruhigt mich keineswegs, weil der größte Teil des Verschuldens wohl in meinen blanken Händen liegt – und nicht rückgängig zu machen ist, oder nur schwer, was einst zerstört wurde.

Der Wunsch, Zeiten zu ändern, ist nicht realisierbar. Das Kommunikationsband ist gerissen. „Tempora mutantur, nos et mutamur in illis", so dachte ich wohl damals, trifft lückenlos, ja ausnahmslos, auf die menschliche Existenz zu. „Nein" tut es nicht ... Jahre später stellen Gedanken, Gefühle, verschiedenste Wahrnehmungen, Erfahrungen und ein Gefühl der Traurigkeit die Antithese.

Nun gut, neigt man wohl dazu, mit der Zeit zu idealisieren, was im Kern womöglich nicht annähernd so ideal war, wie es sich in der Erinnerung präsentiert, so entzieht es sich meiner Fähigkeit, die Erinnerung auszublenden und ihr gelingt es, mich in eine tiefe Unruhe stürzen zu lassen. Fragen wie „Was wäre gewesen wenn?", „Belastet mich lediglich das nicht Ausgelebte?", „Wäre ich glücklicher, wenn sich bestimmte Dinge anders zugetragen hätten?", lassen meinem Gehirn gerade keine Ruhe.

Eines möchte ich hier auf jeden Fall zu Papier bringen: Dinge waren damals nicht so, wie Du sie zu hören bekommen hast, als wir um den See gingen, und ich dir sagte, die Distanz sei mir zu groß. Um ehrlich zu sein, wäre mir die Distanz bei Dir nie als ein Hindernis vorgekommen, so verliebt wie ich war …

Ich rühme mich nicht damit, dass ich nicht die Wahrheit gesprochen habe – aber mir blieb, so groß mein Wunsch damals auch war, keine andere Wahl.

Ich mag das Dunkele an Dir,
erweckest Du in mir
Gedanken an das Glück –
einmal hin und kein Zurück.

In dir seh ich vieles Leuchten,
trotz des Dunkelheitenscheins,
durch Dich durch in Dich hinein
seh ich viel selbst ohne Schein.

Öffnetest Du Deinen Mund –
und mein Mund der stand ganz stille,
dieses war mein größter Wille,
immer zu in sonst eis'ger Stille.

Auf Deiner Haut lass mich tanzen, in Deinen Augen baden und mich in Deinem Blick verlieren. Hier bin ich nicht verloren – doch ganz und gar geboren.